BEI GRIN MACHT SICH IHR WISSEN BEZAHLT

- Wir veröffentlichen Ihre Hausarbeit, Bachelor- und Masterarbeit

- Ihr eigenes eBook und Buch - weltweit in allen wichtigen Shops

- Verdienen Sie an jedem Verkauf

Jetzt bei www.GRIN.com hochladen und kostenlos publizieren

Lisa Thelen

Die Darstellung der Kölner Widerstandsgruppe "Edelweißpiraten" im Spielfilm

GRIN Verlag

Bibliografische Information der Deutschen Nationalbibliothek:

Die Deutsche Bibliothek verzeichnet diese Publikation in der Deutschen Nationalbibliografie; detaillierte bibliografische Daten sind im Internet über http://dnb.d-nb.de/ abrufbar.

Dieses Werk sowie alle darin enthaltenen einzelnen Beiträge und Abbildungen sind urheberrechtlich geschützt. Jede Verwertung, die nicht ausdrücklich vom Urheberrechtsschutz zugelassen ist, bedarf der vorherigen Zustimmung des Verlages. Das gilt insbesondere für Vervielfältigungen, Bearbeitungen, Übersetzungen, Mikroverfilmungen, Auswertungen durch Datenbanken und für die Einspeicherung und Verarbeitung in elektronische Systeme. Alle Rechte, auch die des auszugsweisen Nachdrucks, der fotomechanischen Wiedergabe (einschließlich Mikrokopie) sowie der Auswertung durch Datenbanken oder ähnliche Einrichtungen, vorbehalten.

Impressum:

Copyright © 2012 GRIN Verlag, Open Publishing GmbH
Druck und Bindung: Books on Demand GmbH, Norderstedt Germany
ISBN: 978-3-656-17235-2

Dieses Buch bei GRIN:

http://www.grin.com/de/e-book/192314/die-darstellung-der-koelner-widerstands-gruppe-edelweisspiraten-im-spielfilm

GRIN - Your knowledge has value

Der GRIN Verlag publiziert seit 1998 wissenschaftliche Arbeiten von Studenten, Hochschullehrern und anderen Akademikern als eBook und gedrucktes Buch. Die Verlagswebsite www.grin.com ist die ideale Plattform zur Veröffentlichung von Hausarbeiten, Abschlussarbeiten, wissenschaftlichen Aufsätzen, Dissertationen und Fachbüchern.

Besuchen Sie uns im Internet:

http://www.grin.com/

http://www.facebook.com/grincom

http://www.twitter.com/grin_com

Städt. Hölderlin Gymnasium

51065 Köln

Lisa Thelen

Facharbeit
im Leistungskurs Geschichte

Die Darstellung der Kölner Widerstandsgruppe „Edelweißpiraten" im Spielfilm

Im Schuljahr 2011/2012, Halbjahr 12.2

Köln, 23.03.2012

Inhaltsverzeichnis

Inhaltsverzeichnis 1

Einleitung 3

1. Der Film „ Edelweißpiraten".. 5

2. Die Darstellung der Personen.. 7

3. Das Leben der Edelweißpiraten in den letzten Kriegsmonaten 9

Zusammenfassung der Ergebnisse 13

Literatur und Quellenverzeichnis 14

Bildquellen 14

Anhang 15

Vorwort

Was hat mich dazu bewegt über die Edelweißpiraten eine Facharbeit zu schreiben?
Nun ja, das ist eine gute Frage, die sich aber dennoch leicht beantworten lässt.
Vor einigen Jahren schaute ich den Film „Edelweißpiraten" von Niko und Kiki von Glasow, ohne irgendeine Ahnung von den Edelweißpiraten aus Köln-Ehrenfeld zu haben.
Doch durch den Film wurde mein Interesse für diese Jugendlichen geweckt, und so begann ich mir damals Informationen zu suchen.
Als dann feststand, dass ich meine Facharbeit in Geschichte schreiben würde, fragte ich mich, welches Thema ich wählen sollte.
So entschied ich mich über die Edelweißpiraten zu schreiben. Dies ist meiner Meinung nach eine gute Sache, denn die Edelweißpiraten sollten nicht in Vergessenheit geraten. Sie waren einfache Jugendliche, die erkannten, dass die Dinge, die in der NS-Zeit passierten, falsch waren und sich gegen diese auflehnten.
Ich finde es wichtig, dass man sich an ihre Taten und ihre Einstellung gegenüber dem NS-Regime erinnert. Zudem sind sie ein wichtiger Teil der Kölner Geschichte in der NS-Zeit.

Einleitung

Die Edelweißpiraten, das waren Jugendliche aus der Arbeiterschicht, die nichts mit dem NS-Regime zu tun haben wollten. Dies zeigten sie, indem sie den HJ(Hitlerjugend)-Dienst verweigerten[1] und sich zudem noch Prügeleien mit HJ- Streifen lieferten[2].
Was die Edelweißpiraten auch attraktiv für viele Jugendliche machte, war, dass auch Mädchen zu den Gruppen gehörten, was im „ Dritten Reich" untypisch war[3].
In den Anfangsjahren (1941/42) der Edelweißpiraten machten sie viele Ausflüge, z.B. nach Königswinter auf den Drachenfels[4]. Dort zelteten sie, erzählten sich Geschichten oder sangen Lieder, die meist von Gitarren begleitet wurden.
Doch später wurden sie aktiver und begannen Taten, die man nicht als harmlos bezeichnen kann, wie z.b. die Gruppe aus Sülz, zu der auch Jean Jülich gehörte. Sie banden einen Straßenkiosk eines Nazis an einen Straßenbahnwaggon, wodurch dieser mitgezogen und komplett zerstört wurde.[5]
Aber die bekannteste Edelweißpiraten - Gruppe aus Köln ist die aus Ehrenfeld, zu der unter anderem Bartholomäus Schink (Barthel) und Franz Rheinberger (Bubbes) gehörten. Diese Gruppe arbeitete ab 1944 mit dem ehemaligen KZ-Insassen Hans Steinbrück, genannt Bomben- Hans, zusammen.
Sie planten mit ihm, das Gestapo (Geheime Staatspolizei unter der Leitung Heinrich Himmler) Hauptquartier in Köln, am Appellhofplatz, in die Luft zu sprengen. Was jedoch nie geschah, da sie zuvor verhaftet und hingerichtet wurden.
Jean Jülich dachte so über dieses geplante aber misslungene Attentat : „ Man stelle sich einmal vor, die Aktion wäre gelungen . Die Menschen um Hans Steinbrück, die später hingerichtet wurden, gälten heute als **Helden** und **Märtyrer**. Und es wäre ein Signal gewesen, das andere Gruppen aus dem Widerstand ermutigt hätte[6]."
Mit dieser Aussage zeigt sich auch, dass die Edelweißpiraten in der Vergangenheit viel zu wenig gewürdigt wurden.

---

[1] Vgl. www.museenkoeln.de/ausstellung/nsd_0404_edelweiss/index.html (5.3.12)
[2] Vgl. Sarah Henkel : Die Edelweißpiraten- aufmüpfige Halbstarke oder doch Widerstandskämpfer , Seite 3
[3] Vgl. Sarah Henkel : Die Edelweißpiraten- aufmüpfige Halbstarke oder doch Widerstandskämpfer, Seite 5
[4] Vgl. Jean Jülich : Kohldampf, Knast un Kamelle, Seite 53
[5] Vgl. Jean Jülich : Kohldampf, Knast un Kamelle, Seite 51f.
[6] Vgl. Jean Jülich : Kohldampf, Knast un Kamelle, Seite 63

Barthels Mutter versuchte über Jahre hinweg ihren Sohn als politisch Verfolgten anerkennen zu lassen, doch vergeblich. Die zuständigen Behörden blieben stur.[7]

Jedoch erhielt Jean Jülich in den 80er Jahren, im Namen aller Edelweißpiraten, in Israel die Auszeichnung „ Gerechte unter den Völkern". 1991 wurde die „Hüttenstr." in Ehrenfeld, wo 1944 auch unter anderem die Hinrichtung der Edelweißpiraten statt fand, in die „Bartholomäus-Schink-Str." umbenannt.[8]

Aber auch der Film „Edelweißpiraten" von 2001 holt diese Jugendlichen zurück in die Köpfe der Menschen.

---

[7] Vgl. Alexander Goeb: Er war sechzehn, als man ihn hängte, Seite 162ff.
[8] http://www.spiegel.de/spiegel/print/d-42983300.html (12.3.12)

1. Der Film „ Edelweißpiraten"

Der Film „ Edelweißpiraten" von Niko und Kiki von Glasow entstand 2001 und kam am 10. November 2005 in die Kinos. Er handelt von den letzten Monaten der Kölner Widerstandsgruppe Edelweißpiraten.

Der Film beginnt damit, dass die Gestapo hektisch versucht ihre gesamten Akten zu verbrennen und die restlichen Gefangenen erschießen will. Daraufhin ertönt die Stimme des Karl Ripke, welcher von seiner Befreiung aus der Gefängnishaft durch die Amerikaner erzählt und ebenfalls so seine Geschichte der Nachwelt erzählen möchte.

Er beginnt mit der Erzählung im letzten Kriegsjahr, er berichtet über seine Erlebnisse mit seinen Freunden, welche sich Edelweißpiraten nennen.

Man sieht eine Frau, namens Cilli, mit ihren Kindern durch das zerstörte Ehrenfeld laufen. Sie zieht einen Bollerwagen hinter sich her, der mit Kohlen beladen ist.

Zu Hause wird sie vom Ortsgruppenleiter Soentgen erwartet, dieser belästigt sie, doch Cilli weist ihn zurück.

Kurz darauf sieht man Karl und seine Freunde an einem Platz herum stehen, als plötzlich eine HJ-Streife auftaucht und die Edelweißpiraten in eine Prügelei verwickelt.

Die Edelweißpiraten sind mit Holzknüppeln und Schlagringen bewaffnet, ebenso die HJ-Streife. Als die Edelweißpiraten merken, dass sie nicht gegen die HJ ankommen können, flüchten sie mit Erfolg.

Der Blick geht über das zerstörte Köln und zeigt zwei KZ-Insassen in einem zerstörten Haus über einer Bombe hocken. Nach einem kurzen Gespräch flüchtet der eine, während der andere die Bombe durch einen Tritt zur Explosion bringt, wobei ein Soldat, der die beiden beaufsichtigt hat, stirbt.

Der KZ-Häftling wird dabei verletzt, wenig später von den Edelweißpiraten gefunden und in Cillis Wohnung gebracht.

Der Häftling namens Hans Steinbrück beweist sich bei Cilli und den Edelweißpiraten, indem er den Sohn von Cilli, welcher unter einer Bombe eingeklemmt ist, rettet.

Nach seiner Genesung trifft sich Hans eines Nachts mit Bekannten und bricht in eine Lagerhalle ein. Dort stehlen sie über 20 Zentner Butter. Hans bringt die Edelweißpiraten wenig später auf die Idee, mit ihm das Gestapo Hauptquartier in die Luft zu sprengen.

Als Karl dann irgendwann vom Ortsgruppenleiter Soentgen erfährt, dass sein Vater im Krieg gefallen ist, trifft er abends den betrunkenen Roland Lorent. Durch Zufall fährt der Ortgruppenleiter Soentgen an ihnen vorbei, woraufhin Lorent ihn erschießt.

Bei einer Razzia erwischt die Gestapo einen Bekannten von Hans, der aus Angst diesen und die Edelweißpiraten verrät, indem er der Gestapo erzählt, dass sie ein Attentat auf das Gestapo-Hauptquartier planen. Daraufhin macht die Gestapo eine Razzia bei Cilli in der Schönsteinstr. Sie entdecken Juden, die Hans in Cillis Wohnung versteckt hat.

Da Hans nicht anwesend ist, beschließt die Gestapo dort so lange auf ihn zu warten, bis er dort auftaucht.

Die Tante eines Edelweißpiraten warnt Hans vor der Gestapo in Cillis Wohnung. Doch Hans ignoriert diese Warnung und plant mit Karl und seinen Freunden, Cilli aus der Gewalt der Gestapo zu befreien.

Die Gestapo hat Cilli schon längst abgeführt, als Hans und die Edelweißpiraten in der Schönsteinstr. ankommen. Lorent schießt plötzlich wild um sich, was die Gestapo auf die Gruppe aufmerksam macht.

Als zudem noch eine HJ-Streife auftaucht, fliehen Hans und die Edelweißpiraten. Hans will nicht aufgeben und zieht alleine los. Er wird von einem HJ-Jungen ins Knie geschossen und bleibt verwundet liegen.

Am nächsten Morgen finden Karl und sein Bruder Peter, der ebenfalls zu den Edelweißpiraten gehört, Hans. Vor Ort kommt es zu einer Konfliktsituation zwischen den beiden Brüdern, bei der sie sich trennen.

Die Gestapo geht derweil auf die Jagd nach den Edelweißpiraten und verhaftet jeden einzelnen. Karl sieht nur eine Möglichkeit, seinen Bruder und sich zu retten. Er macht sich auf den Weg zur Gestapo und schließt einen Handel mit ihnen ab, in dem er ihnen verrät, wo sich Hans befindet. Dafür verlangt er von der Gestapo freigelassen zu werden.

Doch Peter bleibt nach wie vor stur und muss wie die anderen Edelweißpiraten die grausame Gewalt der Gestapo kennen lernen.

So kommt es am Ende dazu, dass Hans und die restlichen Edelweißpiraten am 10. November 1944 erhängt werden. Karl sitzt in einem Auto der Gestapo und muss sich die Hinrichtung ansehen. Danach wird er erneut ins Gefängnis gebracht. Nach einem weiteren Aufenthalt dort, wird er durch die Amerikaner befreit. Durch eine kurze Konfrontation mit dem Gestapobeamten Hoegen fühlt sich Karl schuldig am Tod seines Bruders. Der Film endet damit, dass Karl schreiend im Treppenhaus steht.

2. Die Darstellung der Personen

Die Hauptperson im Film, welche ihre Geschichte erzählt, heißt Karl Ripke.
Er erzählt im Alter seine Geschichte.
Jean Jülich, einer der letzten überlebenden Edelweißpiraten (seit Oktober 2011 verstorben) spricht den alten Karl Ripke.
Das Problem dabei ist, dass es sich bei Karl Ripke um eine fiktive Person handelt. Das gleiche gilt auch für seinen Bruder.
Zu den Edelweißpiraten aus Ehrenfeld gehören: Bartholomäus Schink (Barthel), Franz Rheinberger (Bubes), Günther Schwarz (Büb), Wolfgang Schwarz, Adolf Schütz (Addi), „Plaat", Roland Lorent und Hans Balzer.[9]
Dazu lässt sich aber sagen, dass in den Brüdern Ripke ein bisschen was von jedem Edelweißpiraten steckt. Doch dazu komme ich später. Zunächst möchte ich zu dem Punkt zurückkommen, dass Jean Jülich als alter Karl Ripke seine Geschichte erzählt.
Jean Jülich, welcher eigentlich zu den Edelweißpiraten aus Sülz gehört, ist mit einigen Jungen der Ehrenfelder Gruppe befreundet. Er besorgt ihnen damals ein Brückensprenggerät, womit die Ehrenfelder das Gestapo Hauptquartier in die Luft sprengen wollten.
Jean Jülich wird damals ebenfalls verhaftet und sitzt mit seinen Freunden im Gestapo Gefängnis Brauweiler[10]. Er wird aber nicht erhängt, sondern bleibt in Haft. Nach zwei Verlagerungen in andere Gefängnisse wird er schließlich Ende März 1945[11] aus der Jugendstrafanstalt Rockenberg[12] durch die Amerikaner befreit.
So erzählt auch Karl Ripke, dass er damals aus der Haft durch die Amerikaner befreit wurde.
Karl gerät im Laufe des Films immer wieder in Konfrontationen mit dem ehemaligen KZ-Häftling Hans Steinbrück. Dies ist eigentlich untypisch, da alle Edelweißpiraten sehr viel Respekt vor Hans hatten und meistens zu ihm aufblickten.
Diesen Aspekt zeigt im Film Karls Bruder, Peter Ripke. Peter blickt zu Hans auf und würde alles für ihn geben, er bleibt ihm treu, selbst als es um sein Leben geht.
In Wirklichkeit ist es eher Barthel, der Hans Steinbrück als Vorbild sieht. Durch ihn gewinnt er an Stärke. Ebenso hat auch Hans Respekt vor Barthel, so steht es im Buch von Alexander

---

[9] Vgl. Alexander Goeb : Er war sechzehn, als man ihn hängte, Seite 11
[10] Vgl. Jean Jülich: Kohldampf, Knast un Kamelle, Seite 82
[11] Vgl. Jean Jülich: Kohldampf, Knast un Kamelle, Seite 99
[12] Vgl. Jean Jülich: Kohldampf, Knast un Kamelle, Seite 97

Goeb : „ Hans blickte auf. Der ist so wie ich , dachte er. Vor kurzem haben wir ihn noch den kleinen Barthel genannt[...] Barthel ist nicht mehr klein..."[13]
Der Barthel im Film spielt keine große Rolle in den Geschehnissen, er gehört einfach nur mit dazu.

Der Hauptgrund dafür, dass Karl sich nicht mit Hans versteht und deswegen immer wieder mit ihm Streit anfängt, ist, dass Karl, der sich zu seiner Schwägerin Cilli hingezogen fühlt, ein Problem damit hat, dass Hans eine Beziehung mit dieser führt.

Hans spielt sich bei Cilli als neues Familienoberhaupt auf und kümmert sich um sie und ihre Kinder. Dies wirft den Kritikpunkt auf, dass Cilli gar keine Kinder hatte, jedenfalls wurden nie welche erwähnt in Aufzeichnungen.

Cilli war die Lebensgefährtin von Hans und wohnte zusammen mit ihm in der Schönsteinstr. Dennoch ist nicht allzu viel über sie bekannt, sie gehört mit zu der Gemeinschaft und weiß von den Aktionen der Edelweißpiraten.

Hans ist ebenfalls etwas anders dargestellt, er wirkt im Film oft sehr grob und aggressiv. Besonders im Bezug auf Karl. Doch in der Realität scheint Hans ziemlich organisiert zu sein.

Als er die Edelweißpiraten damals kennen lernt, dachte er, dass sie viel zu sehr an ihren Erinnerungen, an ihren Ausflügen hängen, als die Realität zu begreifen. Doch mit der Zeit merkt er, dass sie schon viel erlebt hatten und genau wussten wie sie gegen das Regime angehen.[14]

Hans oder auch Bomben- Hans ist die treibende Kraft bei den Edelweißpiraten. Er ermutigt und bestärkt sie in ihrem Handeln. Dennoch sind durchaus Parallelen zwischen dem „echten Hans" und dem „Film Hans" zu ziehen. Beide sind in gewisser Hinsicht naiv, da sie glauben, Cilli einfach aus der Gewalt der Gestapo befreien zu können. Hans sagt im Buch von Alexander Goeb außerdem: „ Mitleid können wir uns nicht leisten. Wenn wir sie nicht erledigen, erledigen sie uns."[15] Dieses Zitat zeigt, dass Hans vor nichts zurück schreckt, da es um sein und das Überleben seiner Freunde geht.

Doch Hans kann auch sehr stark sein und möchte den Nazis keinen Gefallen tun, so hat er angeblich bei seiner Folter durch die Gestapo kein einziges mal geschrien vor Schmerz.[16]

Diese Stärke wird im Film nicht allzu deutlich. Im Film hat Hans einen Freund, Roland Lorent, er scheint der Schwächste im Umfeld der Edelweißpiraten zu sein. Er ist ständig

---

[13] Alexander Goeb: Er war sechzehn, als man ihn hängte, Seite 89
[14] Vgl. Alexander Goeb: Er war sechzehn, als man ihn hängte, Seite 59f.
[15] Alexander Goeb: Er war sechzehn , als man ihn hängte, Seite 100
[16] Vgl. Alexander Goeb: Er war sechzehn , als man ihn hängte, Seite 134

betrunken, wodurch er nicht zurechnungsfähig ist und deswegen oft der Verursacher von Problemen ist.

In Wirklichkeit scheint er eher zurückgezogen und hat wohl schon einige Erfahrungen mit den Nazis gesammelt, wodurch es zu einer Kurzschlussreaktion kommt.

Zuletzt möchte ich nun noch einmal auf die Brüder Ripke zurückkommen.

Es zeigt sich, dass in Karl ein Teil von Jean Jülich steckt; durch die Geschichte seiner Befreiung. Auch sein Charakter, der eher ruhig wirkt aber dennoch sehr energisch und bestimmt sein kann ähnelt Jülich.

Peter verkörpert sehr viel von Barthel und zusammen erinnern die beiden Brüder an das Schicksal der Brüder Günther und Wolfgang Schwarz. Günther stirbt wie seine Freunde am Galgen. Wolfgang schafft es durch einen Freund zu entkommen und überlebt.

So zeigt sich, dass obwohl die beiden Ripke Brüder nur fiktiv sind, sie aber trotzdem real wirken. Beide verkörpern die Edelweißpiraten in ihren Charaktereigenschaften und Schicksalen.

3. Das Leben der Edelweißpiraten in den letzten Kriegsmonaten

Der Film „ Edelweißpiraten", beschäftigt sich, wie schon erwähnt, nur mit den letzten Kriegsmonaten. Das heißt, der Film lässt die früheren Aktivitäten völlig außer Acht.

Als die Edelweißpiraten noch nicht so politisch aktiv waren wie zuletzt, gingen sie regelmäßig an den Wochenenden wandern. Jedoch provozierten die Edelweißpiraten aktiv durch ihre Kleidung. Sie zeigten damit ihre Abneigung gegenüber dem Regime.

Sie trugen Tiroler- Hüte, bunt karierte Hemden, Halstücher, kurze Lederhosen und halblange Kniestrümpfe[17]. Im Gegensatz dazu tragen die Edelweißpiraten im Film Pullover, Stoffhosen, Lederjacken und Mützen. Man erkennt also schon einen Unterschied zu der Realität.

Zu den Handlungen gegen das Regime gehörten auch die Straßenkämpfe mit der HJ. Dieser Aspekt wird im Film gezeigt und ist meines Erachtens sehr nah an der Realität.

Dies kann man von der Flucht von Hans Steinbrück, wie sie im Film gezeigt wird, nicht behaupten. Im Film bringt er eine Bombe zur Explosion, wobei ein Soldat stirbt und er selbst nur knapp überlebt. Nur durch die Edelweißpiraten hat er die Chance zu überleben, da sie ihn finden und in Cillis Wohnung pflegen. Durch ihr Handeln wird er ein wichtiger Teil ihrer Gruppe.

In Wirklichkeit aber lernen Hans und Cilli sich schon früher bei einer Versteigerung im Deutzer Messelager kennen. Hans war dort freiwilliger Bombenräumer. Diese hatten durch

---

[17] Vgl.: Sarah Henkel :Die Edelweißpiraten- aufmüpfige Halbstarke oder doch Widerstandskämpfer, Seite 3

ihre Tätigkeit mehr Freiraum als die anderen Gefangenen. Als er damals seine Flucht plante, riet ihm ein Freund zu Cilli zu gehen, da er es dort gut habe würde. Hans befolgte diesen Ratschlag und lebte von da an mit ihr zusammen. Dadurch lernte er auch die Edelweißpiraten kennen und wurde deren Freund.[18]

Diese zwei Versionen zeigen zwei verschiedene Charaktereigenschaften, der Hans im Film, gespielt von Bela B. Felsenheimer, wirkt so eher naiv, da er sein Leben bei dem Fluchtversuch riskiert und auch andere dabei in Gefahr bringt. Wohingegen der echte Hans eher gut strukturiert und bedacht wirkt, er weiß genau warum er als Bombenräumer arbeitet, obwohl dies gefährlich ist. Bei dieser Tätigkeit ist es einfach zu flüchten, da sie nicht unter der ständigen Beobachtung der Wachen stehen. Er hat einen genauen Plan, wohin er nach der Flucht gehen kann. So ist er besser organisiert, was sich aber auch bei der Befreiung von Cilli zeigt, aber dazu komme ich später zurück.

Jetzt möchte ich auf die Ermordung von Ortsgruppenleiter Soentgen eingehen. Es gibt drei verschiedene Versionen, jedoch ist mir nur eine bekannt, welche nun folgt:

Am Abend des 28. September 1944 sitzt Soentgen auf seinem Fahrrad und fährt heim. Dabei fährt er an Roland Lorent und Hans Balzer vorbei. Als Roland ihn bemerkt[19], wird er bleich und schießt im nächsten Moment auf Soentgen. Dieser fällt von seinem Fahrrad und stirbt vor Ort.

Im Film trifft Karl Ripke abends auf den betrunkenen Roland Lorent, der auf Nazijagd gehen möchte. Just in diesem Moment fährt Soentgen an den beiden vorbei, woraufhin Karl Roland empfiehlt diesen zu erschießen. Roland zückt daraufhin eine Waffe und schießt auf Soentgen. Dieser stürzt von seinem Fahrrad und stirbt. Karl ist geschockt von Lorents Reaktion, da er nicht mit dem Mord gerechnet hat.

Da mehrere Versionen der Ermordung existieren, lässt sich nichts über die Richtigkeit der beiden Versionen sagen.

Nun komme ich zu der Befreiung von Cilli im Film. Dort reagiert Hans über als er davon erfährt, dass die Gestapo Cilli gefangen hält. Er fährt bewaffnet mit den Edelweißpiraten in die Schönsteinstr. Durch mehrere Schüsse von Lorent wird die Gestapo auf die Gruppe aufmerksam und ein Schusswechsel zwischen den beiden Parteien findet statt. Das Ergebnis dieser Konfrontation ist, dass die Edelweißpiraten fliehen müssen.

Im Gegensatz dazu steht der wirkliche Vorgang der Befreiung, in dem Hans plant wie sie bei dieser Befreiung vorzugehen haben, damit sie gelingen kann. Dieser Aspekt wird im Film nicht gezeigt.

---

[18] Vgl. Alexander Goeb: Er war sechzehn, als man ihn hängte ; Seite 57ff.
[19] Vgl. Alexander Goeb: Er war sechzehn, als man ihn hängte ; Seite 75f.

Doch auch dieser Plan misslingt, da Lorent den Befehl von Steinbrück missachtet und um sich schießt als sie die Schönsteinstr. erreichen. Dies ist das Signal für die Edelweißpiraten ebenfalls zu schießen. Nach mehreren Schusswechseln müssen auch sie flüchten und treffen sich später durch Zufall wieder.[20]

Das spätere Treffen ist im Film auch zu sehen. So zeigt sich bei diesem Aspekt der Befreiung, dass sich die Macher des Films schon teilweise an die Fakten halten, zwar geringfügig verändert aber dennoch nahe an der Realität.

Zuletzt möchte ich nun auf die Gefängnishaft der Edelweißpiraten eingehen.

Im Film werden alle einzeln verhaftet und eingesperrt. Dort werden ihnen die langen Haare abgeschnitten, so dass sie danach eine Glatze haben.

Die Gestapo führt mit den Edelweißpiraten ihre „Sonderbehandlung" durch, das heißt, sie werden mit Riemen auf einen Metalltisch gebunden. Dort bekommen sie Fragen zu den weiteren Mitgliedern gestellt und auch zu den geplanten Aktionen, wie z.B. das Attentat auf das Gestapo Hauptquartier. Falls sie nicht sofort antworten, werden sie mit einem Holzknüppel brutal verprügelt oder auch stranguliert. Die Gestapo nimmt auch keine Rücksicht darauf, dass es sich bei den Gefolterten um Jugendliche von 16 Jahren handelt.

In dem „Verhör- Raum" befinden sich nur Männer der Gestapo, wobei einer von ihnen Protokoll schreibt. Die Gestapo schreckt sogar nicht davor zurück Cilli in ihre Sonderbehandlung miteinzubeziehen.

Im Film kommt es auch dazu, dass sie vor Angst oder auch vor Schmerzen ihre Freunde verraten. Besonders Karl ist davon betroffen. Er verrät seinen Bruder, wollte aber damit eigentlich sein Leben retten, dies misslingt ihm allerdings.

In Wirklichkeit erging es den Edelweißpiraten ähnlich. Bei den Verhören in der Haft wurden ihnen meistens drei Fragen gestellt, diese lauteten: „ 1. Ich will jetzt Namen wissen. Wer gehört zu eurer Bande? 2. Wo sind die Waffen versteckt? 3.Gehört der zu euch?" (Diese wurde aber nur gestellt falls ein Mithäftling denunziert werden sollte.) Nach jeder Frage wurden sie gefoltert.[21] Sie wurden oft so schwer misshandelt, dass sie oftmals zusammenbrachen. Bei den Verhören waren immer neben den Gestapobeamten auch Frauen anwesend die Protokoll führten.

Die Frauen welche in der Haft waren, wurden nicht gefoltert, aber auf andere Weise diskriminiert. Sie mussten sich regelmäßig nackt vor ihre Zellen stellen und dort für einige Minuten stehen bleiben. In dieser Zeit wurden sie die ganze Zeit von der Gestapo

---

[20] Vgl: Alexander Goeb: Er war sechzehn, als man ihn hängte ; Seite 132f.
[21] Jean Jülich : Kohldampf, Knast un Kamelle ; Seite 81

beobachtet.[22] Die Edelweißpiraten versuchten sich treu zu bleiben und keinen zu verraten, jedoch kamen sie irgendwann an einen Punkt, dass sie einfach keinen anderen Ausweg sahen als ihre Freunde doch zu verraten, nur damit sie nicht mehr zu leiden mussten. Dies bereuten sie aber auch, wie man am Buch von Jean Jülich sehen kann.[23]

So kann man sagen, dass sich auch hier der Film an die Wahrheit hält. Das gleiche gilt auch für die Hinrichtung der Edelweißpiraten. Im Film wirken die Gefangenen abwesend und schweigen, das geschah auch damals so. Sie wirkten teilnahmslos. Bis heute kursiert noch das Gerücht, dass die Gestapo ihnen damals Spritzen gesetzt hat, damit sie nicht fliehen oder herumschreien konnten.[24]

Der Film macht deutlich wie radikal die Gestapo mit den Gefangenen umging und wie sie ihre Macht demonstrierten. Sie hängten Jugendliche, die sich nicht dem Regime unterordnen wollten, ohne Gerichtsurteil, zur Abschreckung vor möglichen neuen Widerstandskämpfern.

---

[22] Vgl. Alexander Goeb: Er war sechzehn, als man ihn hängte; Seite 136
[23] Vgl. Jean Jülich : Kohldampf, Knast un Kamelle ; Seite 80f.
[24] Vgl. Jean Jülich: Kohldampf, Knast un Kamelle; Seite 93 und http://www.spiegel.de/spiegel/print/d-42983300.html (12.3.12)

Zusammenfassung der Ergebnisse

Zusammenfassend lässt sich sagen, dass der Film sich an Fakten bezüglich der Edelweißpiraten hält, aber eben auch Dinge anspricht, die nicht zu den wichtigen Tatsachen im Bezug auf die Geschichte gehören. Das heißt, die persönlichen Konflikte zwischen Hans Steinbrück und Karl Ripke sind nur dazu da, um die Spannung im Film aufzubauen.

Auch die Liebesgeschichte zwischen Cilli und Hans ist nicht wichtig für das Schicksal der Edelweißpiraten.

Es ist eben doch nur ein Spielfilm mit historischem Hintergrund und kein Dokumentarfilm über die Edelweißpiraten. Jedoch möchte ich hinzufügen, dass der Film eine Möglichkeit bietet einen Einblick in das Thema zu erhalten. Er ist aber nicht dafür geeignet, als Beispiel für das Verhalten der Gestapo im Bezug auf die Edelweißpiraten zu dienen, da der Film sich nur auf das Jahr 1944 bezieht, die Anfänge der Edelweißpiraten allerdings schon in den Jahren 1941/42 waren.

Die Edelweißpiraten sind meiner Meinung nach als Widerstandkämpfer anzuerkennen, sie lehnten sich aktiv gegen das Regime auf, auch wenn es größtenteils nur daraus bestand Flugblätter zu verteilen und ein unangepasstes Aussehen zu haben. So sind dies aber Aktionen die zu der damaligen Zeit oft sehr gefährlich waren, da die Nazis keine Regimegegner duldeten und hart gegen diese vorgingen.

So finde ich es schade, dass es so ein langjähriger Prozess war, bis die Edelweißpiraten anerkannt wurden.

Ich hoffe, dass die Edelweißpiraten nicht in Vergessenheit geraten, sondern weiterhin in den Köpfen der Menschen bleiben und für ihren Widerstand gegen das Regime anerkannt werden. Vielleicht kann meine Facharbeit einen kleinen Teil dazu beitragen, dass sich mehr Menschen für die Edelweißpiraten interessieren.

Literatur und Quellenverzeichnis

(1) www.museenkoeln.de/ausstellungen/nsd_0404_edelweiss/index.html (5.3.12)

(2) http://www.spiegel.de/spiegel/print/d-42983300.html , Autor: Georg Bönisch (12.3.12)

(3) Sarah Henkel : Edelweißpiraten- aufmüpfige Halbstarke oder doch Widerstandskämpfer. GRIN Verlag, 1. Auflage 2006

(4) Alexander Goeb: Er war sechzehn, als man ihn hängte. Rowohlt Taschenbuch Verlag, Reinbek bei Hamburg, 2.Auflage Januar 2006

(5) Jean Jülich : Kohldampf, Knast un Kamelle. Verlag Kiepenheuer & Witsch, Köln, 2. Auflage 2004

(6) Film: Edelweißpiraten, Film von Niko & Kiki von Glasow, 2005 Palladio Film

Bildquellen

Alle Bilder im Anhang sind privat

Anhang

Ein Blick auf die Schönsteinstr. und die Bartholomäus- Schink- Str. in Köln Ehrenfeld

Gedenktafel am Bahnhof Köln-Ehrenfeld

Wandmalerei zur Erinnerung an die Edelweißpiraten (in jedem Edelweiß steht der Name, das Geburts- und Sterbedatum jedes hingerichtet Edelweißpiraten aus Köln – Ehrenfeld)

Wandmalerei zur Erinnerung an die Edelweißpiraten. (Auf dem Stromkasten ist ein Bild von Barthel Schink zu sehen)